I0617105

www.ingramcontent.com/pod-product-compliance
Lightning Source LLC
Chambersburg PA
CBHW041557120626
46551CB00002B/242
9781990286070

أَدْعِيَـةٌ لِلْأَطْـفَالِ

جَمْع وَتَنسيق: ألحان رحيمي
رُسوم: كْسِنْيا بافِسكا

أدعية للأطفال

حقوق النشر محفوظة © لألحان رحيمي 2022

hello@alhanrahimi.com

ISBN of paperback version: 978-1-990286-07-0

رسوم: كْسِنْيا بافِسكا

غلاف: كْسِنْيا بافِسكا ومريم جورجولياني

Prayers for Children (in Arabic)
Compiled and Arranged by: Alhan Rahimi
Illustrations by: Kseniia Pavska
Cover by: Kseniia Pavska and Mariam Jorjoliani

ISBN of the paperback version: 978-1-990286-07-0

1

...يَا إِلَهِي إِنِّي حَبَّةٌ قَدْ زَرَعْتَهَا فِي أَرْضِ حُبِّكَ، وَأَنْبَتَّها بِيَدِ إِحْسَانِكَ، إِذًا تَطْلُبُ بِكَيْنُونَتِها مَاءَ رَحْمَتِكَ وَكَوْثَرَ فَضْلِكَ، فَأَنْزِلْ عَلَيْهَا مِنْ سَمَاءِ عِنَايَتِكَ مَا يُرَبِّيهَا فِي ظِلِّكَ وَجِوَارِكَ، وَإِنَّكَ أَنْتَ سَاقِي قُلُوبِ العَارِفِينَ مَاءَ الكَوْثَرِ وَالتَّسْنِيمِ، وَالحَمْدُ للهِ رَبِّ العَالَمِينَ.

2

يَا إِلَهِي اسْمُكَ شِفَائِي، وَذِكْرُكَ دَوَائِي،
وَقُرْبُكَ رَجَائِي، وَحُبُّكَ مُؤْنِسِي، وَرَحْمَتُكَ
طَبِيبِي، وَمُعِينِي فِي الدُّنْيَا وَالآخِرَةِ،
وَإِنَّكَ أَنْتَ المُعْطِي العَلِيمُ الحَكِيمُ.

هُوَ الأَبْهَى

سُبْحَانَكَ اللَّهُمَّ يَا إِلهِي، هَذَا رَضِيعٌ فَأَشْرِبْهُ مِنْ ثَدْيِ رَحْمَتِكَ وَعِنَايَتِكَ، ثُمَّ ارْزُقْهُ مِنْ فَوَاكِهِ أَشْجَارِ سِدْرَةِ رَبَّانِيَّتِكَ، وَلا تَدَعْهُ بِأَحَدٍ دُونَكَ، لأَنَّكَ أَنْتَ خَلَقْتَهُ وَأَظْهَرْتَهُ بِسُلْطَانِ مَشِيَّتِكَ وَاقْتِدَارِكَ، لا إِلهَ إِلاَّ أَنْتَ العَزِيزُ العَلِيمُ. سُبْحَانَكَ يَا مَحْبُوبِي، فَأَرْسِلْ عَلَيْهِ مِنْ نَفَحَاتِ عِزِّ مَكْرُمَتِكَ، وَفَوَحَاتِ قُدْسِ رَحْمَتِكَ وَأَلْطَافِكَ، ثُمَّ اسْتَظِلَّهُ فِي ظِلِّ اسْمِكَ العَلِيِّ الأَعْلَى يَا مَنْ بِيَدِكَ مَلَكُوتُ الصِّفَاتِ وَالأَسْمَاءِ، وَإِنَّكَ أَنْتَ فَعَّالٌ لِمَا تَشَاءُ، وَإِنَّكَ أَنْتَ المُقْتَدِرُ المُتَعَالِي الغَفُورُ العَطُوفُ الكَرِيمُ الرَّحِيمُ.

4

(أ) اللَّهُمَّ يَا سُبُّوحُ، يَا قُدُّوسُ، يَا
رَحْمَنُ، يَا مَنَّانُ، فَرِّجْ لَنَا بِالفَضْلِ
وَالإِحْسَانِ، إِنَّكَ رَحْمَنُ مَنَّانٌ.

(ب) يا نُورَ النُّورِ، يا نُورًا فَوْقَ كُلِّ
نُورٍ، يا مُظْهِرَ كُلِّ ظُهورٍ، يا
رَحْمنُ، يا رَحِيمُ.

(ت) سُبْحانَكَ يا هُو، يا مَن هُوَ هُو،
يا مَنْ لَيْسَ أحَدٌ إلاّ هُو.

* اللَّهُمَّ إِنَّكَ أَنْتَ مُفَرِّجُ كُلِّ هَمٍّ، وَمُنْقِضُ كُلِّ كَرْبٍ، وَمُذْهِبُ كُلِّ غَمٍّ، وَمُخَلِّصُ كُلِّ عَبْدٍ، وَمُنْقِذُ كُلِّ نَفْسٍ. خَلِّصْنِي اللَّهُمَّ بِرَحْمَتِكَ، وَاجْعَلْنِي مِنْ عِبادِكَ المُنْقَذِينَ...

* فَيَا إِلَهِي، بِعِزَّتِكَ لَا تَبْتَلِينِي فِي مَوَاضِعِ الامْتِحَانِ، وَسَدِّدْنِي بِإِلْهَامِكَ فِي مَوَاقِعِ الإِغْفَالِ، إِنَّكَ أَنْتَ اللهُ الَّذِي قَدْ كُنْتَ قَدِيرًا عَلَى مَا تَشَاءُ، لَا رَادَّ لِمَشِيَّتِكَ وَلَا مَرَدَّ لِإِرَادَتِكَ...

* يَا إِلَهِي وَرَبِّي وَمَوْلَايَ، أَسْتَغْفِرُكَ مِنْ كُلِّ لَذَّةٍ بِغَيْرِ حُبِّكَ، وَمِنْ كُلِّ رَاحَةٍ بِغَيْرِ قُرْبِكَ، وَمِنْ كُلِّ سُرُورٍ بِغَيْرِ رِضَاكَ، وَمِنْ كُلِّ بَقَاءٍ بِغَيْرِ أُنْسِكَ.

* هَلْ مِنْ مُفَرِّجٍ غَيْرُ اللهِ؟ قُلْ: سُبْحَانَ اللهِ، هُوَ اللهُ، كُلٌّ عِبادٌ لَهُ وَكُلٌّ بِأَمْرِهِ قَائِمُونَ.

هُوَ الله

إلَهِي إلَهِي تَوَكَّلْتُ عَلَيْكَ وَفَوَّضْتُ أَمْرِي إِلَيْكَ. إِنَّكَ أَنْتَ الفَضَّالُ الكَرِيمُ وَأَرْحَمُ الرَّاحِمِينَ.

ع ع

٧

هُوَ المَقْصُودُ

سُبْحَانَكَ اللَّهُمَّ يَا إِلَهِي، هَذَا قَضِيبٌ نَسِيبٌ نَصَبْتَهُ فِي رِيَاضِ

مَحَبَّتِكَ، وَرَبَّيْتَهُ بِأَيَادِي رُبُوبِيَّتِكَ، وَسَقَيْتَهُ مِنْ عَيْنِ التَّسْنِيمِ فِي

حَدَائِقِ أَحَدِيَّتِكَ، وَأَنْزَلْتَ عَلَيْهِ

مَنْ سَحَابِ رَحْمَتِكَ أَمْطَارَ

مَوْهِبَتِكَ، حَتَّى نَشَأَ وَنَمَا فِي

ظِلَّ أَلْطَافِ مَشْرِقِ أُلُوهِيَّتِكَ، وَأَوْرَقَ وَأَزْهَرَ وَأَثْمَرَ بِبَدِيعِ جُودِكَ وَإِحْسَانِكَ، وَتَمَاءَلَ بِنَسَائِمِ مَهَبِّ عِنَايَتِكَ. أَيْ رَبِّ اجْعَلْهُ خَضِرًا نَضِرًا رَطِيبًا مِنْ تَرَشُّحَاتِ غَمَامِ رَحْمَتِكَ الْخَاصَّةِ، وَمَوْهِبَتِكَ الَّتِي اخْتَصَصْتَ بِهَا هَيَاكِلَ التَّقْدِيسِ فِي ذَرِّ الْبَقَاءِ، وَجَوَاهِرَ التَّوْحِيدِ فِي مَعْرِضِ اللِّقَاءِ. أَيْ رَبِّ أَيِّدْهُ بِتَأْيِيدَاتِ مَلَكُوتِ غَيْبِكَ، وَانْصُرْهُ بِجُنُودٍ لَا يَرَاهُ أَعْيُنُ بَرِيَّتِكَ، وَاجْعَلْ لَهُ قَدَمَ صِدْقٍ عِنْدَكَ، وَأَطْلِقْ لِسَانَهُ بِذِكْرِكَ، وَاشْرَحْ فُؤَادَهُ بِثَنَائِكَ، وَنَوِّرْ وَجْهَهُ فِي مَلَكُوتِكَ، وَيَسِّرْ لَهُ أَمْرَهُ فِي جَبَرُوتِكَ، وَوَفِّقْهُ عَلَى خِدْمَةِ أَمْرِكَ. إِنَّكَ أَنْتَ الْمُقْتَدِرُ الْعَزِيزُ الْقَدِيرُ.

ع ع

（8）

رَبِّ احْفَظْ أَطْفَالًا وُلِدُوا فِي يَوْمِكَ، ورَضَعُوا مِنْ ثَدْيِ مَحَبَّتِكَ، وَتَرَبَّوْا فِي حِجْرِ عِنَايَتِكَ. أَيْ رَبِّ إِنَّهُمْ غُصُونٌ نَشَؤُوا فِي حَدِيقَةِ عِرْفَانِكَ وَفُرُوعٌ نَمَوْا فِي أَيْكَةِ إِحْسَانِكَ، صِبْهُمْ نَصِيبَ أَلْطَافِكَ وَرَنِّحْهُمْ بِفَيْضِ غَمَامِ إِكْرَامِكَ. إِنَّكَ أَنْتَ الكَرِيمُ الرَّحْمَنُ الرَّحِيمُ.

ع ع

9

هُوَ اللهُ

رَبِّ اغْرِسْ هَذا القَضِيبَ الرَّطِيبَ فِي
رِياضِ أَلْطَافِكَ، وَاسْقِهِ مِنْ حِيَاضِ
إِحْسَانِكَ، وَأَنْبِتْهُ نَبَاتًا حَسَنًا بِفَضْلِكَ
وَجُودِكَ. إِنَّكَ أَنْتَ المُقْتَدِرُ القَدِيْرُ.

ع ع

(10)

هُوَالأَبْهَى

يا رَبِّيَ الرَّحْمَنَ، هَذَا رَيْحَانٌ فِي حَدِيقَةِ الرِّضْوَانِ، وَغُصْنٌ فِي رِيَاضِ العِرْفَانِ. اجْعَلْهَا مُهْتَزًّا فِي كُلِّ حِينٍ وَآنٍ، بِنَفَحَاتِكَ يَا مَنَّانُ، وَمُخْضَرًّا نَضِرًا خَضِلًا بِفَيْضِ سَحَائِبِ جُودِكَ يَا حَنَّانُ، إِنَّكَ أَنْتَ السُّبْحَانُ.

ع ع

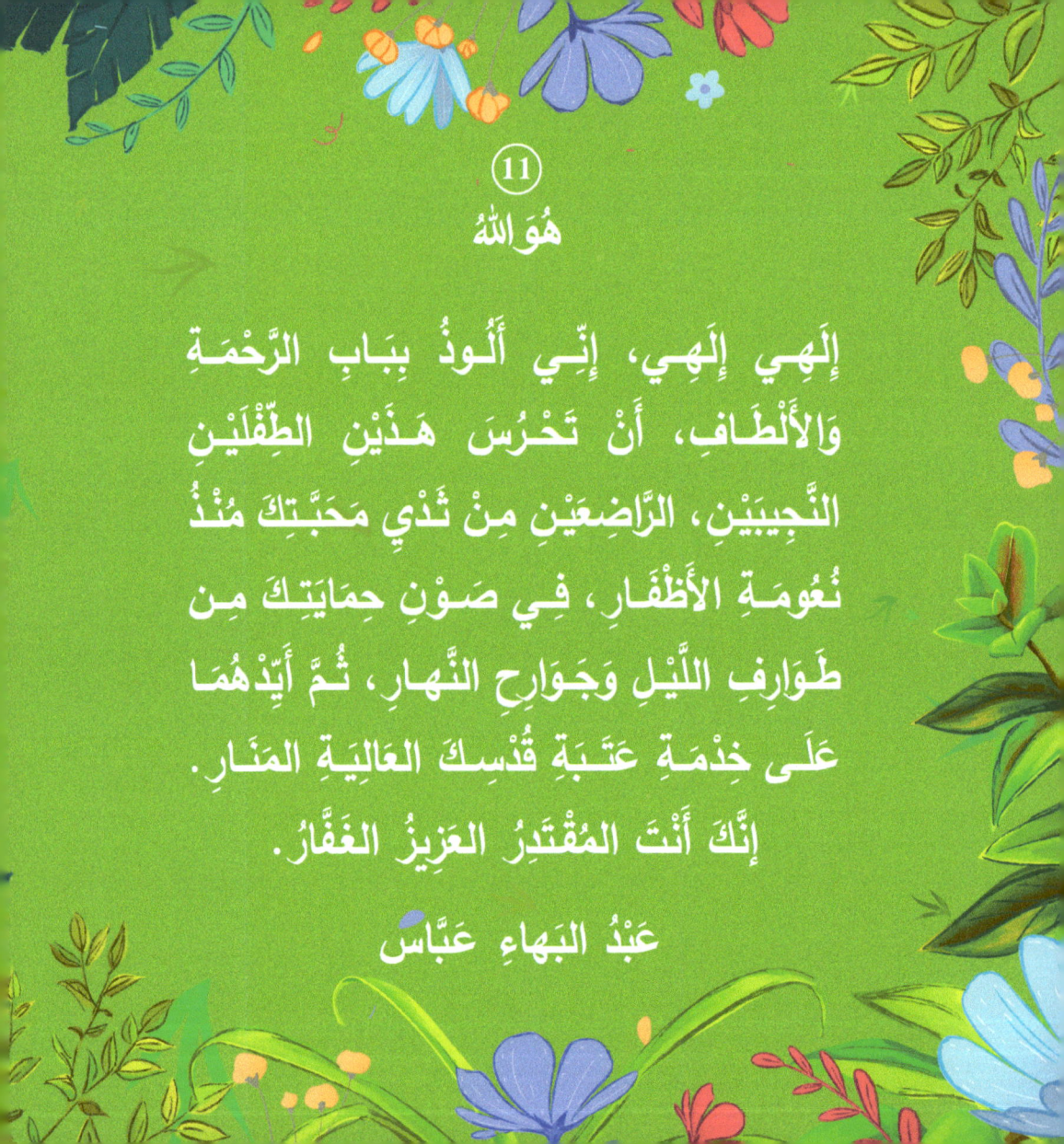

(11)

هُوَ اللّٰه

إِلَهِي إِلَهِي، إِنِّي أَلُوذُ بِبَابِ الرَّحْمَةِ
وَالأَلْطَافِ، أَنْ تَحْرُسَ هَذَيْنِ الطِّفْلَيْنِ
النَّجِيبَيْنِ، الرَّاضِعَيْنِ مِنْ ثَدْيِ مَحَبَّتِكَ مُنْذُ
نُعُومَةِ الأَظْفَارِ، فِي صَوْنِ حِمَايَتِكَ مِنْ
طَوَارِفِ اللَّيْلِ وَجَوَارِحِ النَّهَارِ، ثُمَّ أَيِّدْهُمَا
عَلَى خِدْمَةِ عَتَبَةِ قُدْسِكَ العَالِيَةِ المَنَارِ.
إِنَّكَ أَنْتَ المُقْتَدِرُ العَزِيزُ الغَفَّارُ.

عَبْدُ البَهَاءِ عَبَّاس

...أَيْ رَبِّ هَـذَا رَيْحَـانٌ نَبَـتَ فِـي رِيَـاضِ أَحَدِيَّـتِكَ، وَهَـذَا نَبَاتٌ اخْضَـرَّ فِـي شِفَاءِ حِيَاضِ رَحْمَانِيَّـتِكَ، وَهَذَا قَضِيْبٌ نَشَأَ وَنَمَا فِـي غِـيَاضِ فَرْدَانِيَّـتِكَ. أَيْ رَبِّ أَنْبِـتْهُ نَبَاتًـا حَسَـنًا، حَتَّـى يَـتَعَطَّرَ الآفَـاقُ مِـنْ أَنْـفَاسِ طِيـبِ فَوَحَـاتِ أَزْهَـارِهِ. إِنَّـكَ أَنْـتَ المُعْطِـي الكَرِيمُ الجَوَادُ الرَّحِيمُ.

ع ع

هُوَ اللهُ

إِلَهِي إِلَهِي، نَحْنُ أَطْفَالٌ رَضَعْنَا مِنْ ثَدْي
مَحَبَّتِكَ لَبَنَ الْعِرْفَانِ، وَدَخَلْنَا فِي مَلَكُوتِكَ
مُنْذُ نُعُومَةِ الْأَظْفَارِ، وَنَتَضَرَّعُ إِلَيْكَ فِي
اللَّيْلِ وَالنَّهَارِ. رَبِّ ثَبِّتْ أَقْدَامَنَا عَلَى
دِينِكَ، وَاحْفَظْنَا فِي حِصْنِ حِفْظِكَ،
وَأَطْعِمْنَا مِنْ مَائِدَةِ السَّمَاءِ، وَاجْعَلْنَا آيَاتِ
الْهُدَى وَسُرُجَ التَّقْوَى، وَأَمْدِدْنَا بِمَلَائِكَةِ
مَلَكُوتِكَ، يَا رَبَّ الْجَبَرُوتِ وَالْكِبْرِيَاءِ، إِنَّكَ
أَنْتَ الْكَرِيمُ الرَّحْمَنُ الرَّحِيمُ.

ع ع

هُوَ اللهُ

إِلَهِي إِلَهِي، هَؤُلَاءِ الأَطْفَالُ فُرُوعُ شَجَرَةِ الحَيَاةِ، وَطُيُورُ حَدِيقَةِ النَّجَاةِ، لَآلِئُ صَدَفِ بَحْرِ رَحْمَتِكَ، وَأَوْرَادُ رَوْضَةِ هِدَايَتِكَ. رَبَّنَا إِنَّا نُسَبِّحُ بِحَمْدِكَ وَنُقَدِّسُ لَكَ، وَنَتَضَرَّعُ إِلَى مَلَكُوتِ رَحْمَانِيَّتِكَ، أَنْ تَجْعَلَنَا سُرُجَ الهُدَى، وَنُجُومَ أُفُقِ العِزَّةِ الأَبَدِيَّةِ بَيْنَ الوَرَى، وَعَلِّمْنَا مِنْ لَدُنْكَ عِلْمًا يَا بَهَاءُ الأَبْهَى.

ع ع

15

رَبَّنا وَفِّقْنا عَلى مَعْرِفَةِ أَمْرِكَ العَظِيمِ، وَالتَّخَلُّقِ بِخُلْقِكَ الكَرِيمِ، وَالسُّلُوكِ في مَنْهَجِكَ القَويمِ، بِفَضْلِكَ القَديمِ وَجُودِكَ العَميمِ، إِنَّكَ أَنْتَ العَليمُ، إِنَّكَ أَنْتَ الرَّحْمنُ الرَّحِيمُ.

(بندهء آستانش شوقى)

المراجع:

1. مناجاة، الطبعة الثانية، شهر العظمة 154 بديع، أيار 1997، من منشورات دار النشر البهائية في البرازيل، ص. 121 ، مناجاة رقم 106.
2. المصدر السابق، ص. 176، مناجاة رقم 170.
3. أَدعيَةٌ مُبارَكةٌ مُنزلة من قلم حضرة بهآء الله جلّ ذكره الأعلى، الجُزء الثّاني، الطبعة الأولى، شهر الرحمة 153 بديع، تموز 1996م، من منشورات دار النشر البهائية في البرازيل، ص. 203، دعاء رقم 114.
4. أ. نسائم الرحمن، طبعة رابعة جديدة، شهر العلاء 149 بديع، آذار 1993، طبعت بمعرفة المحفل الروحاني المركزي للبهائيين بشمال غرب أفريقيا، ص. 5.

   ب. (ادعيه حضرت محبوب، برگزيده از آثار حضرت بهاءالله، چاپ اول سال 76 بديع، چاپ هاى ديگر در نقاط مختلف. چاپ اول مؤسسهء مرآت 2013 ميلادى 170 بديع. از روى نسخه منتشره در ايران حروف چينى شده است. تعداد 2000 نسخه، حق طبع محفوظ، ناشر: مؤسسهء چاپ وانتشارات مرآت دهلى نو، هندوستان. ص. 194.)

   ت. (رسالهء ايام تسعه، طبع ونشرأول، طهران 103، جمع آورى عبدالحميد اشراق خاورى، لوح ناقوس از قلم حضرت بهاءالله، ص. 101.)
5. (منتخبات آيات از آثار حضرت نقطهء اولى، قسمت مستخرجاتى از ادعيه ومناجات)
https://www.bahai.org/fa/library/authoritative-texts/the-bab/selections-writings-bab/
6. (كتاب: هوالله 2. مجموعه اى از مناجاتها والواح حضرت عبدالبهاء كه براى نونهالان تهيه گرديده است. ص. 6)

Printed and Published by Century Press Pty. Ltd. P.O. Box: 1309, Bundoora, Victoria 3083, Australia

7. المصدر السابق، ص. 12-14.

8. المصدر السابق، ص. 16.

9. المصدر السابق، ص. 15.

10. المصدر السابق، ص. 17.

11. المصدر السابق، ص. 40.

12. المصدر السابق، ص. 37-38.

13. (كتاب: هوالله 1. مجموعه اى از مناجاتها والواح حضرت عبدالبهاء كه براى نونهالان تهيه گرديده است.)
Printed and Published by Century Press Pty. Ltd. P.O. Box: 1309, Bundoora, Victoria 3083, Australia

ص. 12

14. نسائم الرحمن، طبعة رابعة جديدة، شهر العلاء 149 بديع، آذار 1993، طبعت بمعرفة المحفل الروحاني المركزي للبهائيين بشمال غرب أفريقيا، ص. 147.

15. (مجموعهء مناجات حضرت ولى امر الله، لانگنهاين – آلمان، ص. 45)